# La Guerra de las Galias

*Una Fascinante Guía de las Campañas Militares que Expandieron la República Romana y Ayudaron a Julio César a Transformar Roma en el Mayor Imperio del Mundo Antiguo*

© Copyright 2020

Todos los derechos reservados. Ninguna parte de este libro puede ser reproducida de ninguna forma sin el permiso escrito del autor. Los revisores pueden citar breves pasajes en las reseñas.

Descargo de responsabilidad: Ninguna parte de esta publicación puede ser reproducida o transmitida de ninguna forma o por ningún medio, mecánico o electrónico, incluyendo fotocopias o grabaciones, o por ningún sistema de almacenamiento y recuperación de información, o transmitida por correo electrónico sin permiso escrito del editor.

Si bien se ha hecho todo lo posible por verificar la información proporcionada en esta publicación, ni el autor ni el editor asumen responsabilidad alguna por los errores, omisiones o interpretaciones contrarias al tema aquí tratado.

Este libro es solo para fines de entretenimiento. Las opiniones expresadas son únicamente las del autor y no deben tomarse como instrucciones u órdenes de expertos. El lector es responsable de sus propias acciones.

La adhesión a todas las leyes y regulaciones aplicables, incluyendo las leyes internacionales, federales, estatales y locales que rigen la concesión de licencias profesionales, las prácticas comerciales, la publicidad y todos los demás aspectos de la realización de negocios en los EE. UU., Canadá, Reino Unido o cualquier otra jurisdicción es responsabilidad exclusiva del comprador o del lector.

Ni el autor ni el editor asumen responsabilidad alguna en nombre del comprador o lector de estos materiales. Cualquier desaire percibido de cualquier individuo u organización es puramente involuntario.

# Índice

INTRODUCCIÓN ..........................................................................................1

CAPÍTULO 1 - LA ANTIGUA GALIA.......................................................3

CAPÍTULO 2 - CAYO JULIO CÉSAR.......................................................6

CAPÍTULO 3 - LOS CELTAS HELVECIOS............................................11

CAPÍTULO 4 - LA GUERRA HELVECIA ..............................................15

CAPÍTULO 5 - ARIOVISTO, EL REY GERMANO................................20

CAPÍTULO 6 - LA BATALLA DEL SABIS .............................................25

CAPÍTULO 7 - LA GUERRA GERMÁNICA ..........................................29

CAPÍTULO 8 - LA GALIA UNIDA CONTRA CÉSAR DE ROMA .......34

CAPÍTULO 9 - LA BATALLA DE ALESIA............................................38

CAPÍTULO 10 - CRUZANDO EL RUBICÓN .........................................42

CAPÍTULO 11 - LA GUERRA CIVIL DE CÉSAR..................................45

EPÍLOGO ...................................................................................................51

VEA MÁS LIBROS ESCRITOS POR CAPTIVATING HISTORY .................53

# Introducción

Roma no se construyó en un día, ni tampoco el Imperio romano. Uno de los reinos más poderosos e influyentes de la historia se estableció como una república libre e independiente mucho antes de personajes como Julio César y el Emperador Marco Aurelio. Grandes filósofos e intelectuales como Cicerón y Lucrecio adornaron los antiguos caminos pavimentados de la República romana hace casi 2.000 años y ayudaron a construir la reputación de esa política para que fuera igual a la de los griegos.

Mientras Roma se llenaba de comerciantes, artesanos, esclavos y familias ricas de comerciantes, sus políticos luchaban por mantener las propiedades democráticas fundamentales del gobierno republicano. Las reglas se doblegaban y rompían, políticos y votantes eran sobornados y engañados, hasta que finalmente, el poder de Roma cayó en manos del único hombre que podía reunir el respeto y la lealtad del mundialmente famoso ejército romano.

Ese hombre era Cayo Julio César. Patricio y popular de la República romana, César usó la amenaza territorial de los galos de Europa Occidental para iniciar la guerra de las Galias y tomar el poder máximo. Sus acciones erradicaron el sistema democrático, comenzando la era de la despiadada tiranía del Imperio romano en tres continentes.

La mayor parte del registro histórico de esta serie de guerras europeas proviene del propio Julio César. El libro de César, el Commentāriī dē Bellō Gallicō, más conocido en español como *Comentarios sobre la guerra de las Galias*, es su relato de primera mano de las guerras, aunque está escrito en tercera persona. También tenía el hábito de jactarse orgullosamente de sus exitosas campañas militares en cartas enviadas a Roma.

# Capítulo 1 – La antigua Galia

*Toda la Galia está dividida en tres partes, de las cuales, una la habitan los belgas, la otra los aquitanos, la tercera, los que en su propia lengua se llaman celtas, y en la nuestra, galos. Todos ellos difieren entre sí en cuanto a idioma, costumbres y leyes.*

(Julio César, *Comentarios sobre la guerra de las Galias*)

Los antiguos galos existieron en la mayor parte de Europa Occidental y Central durante la Edad de Hierro, comenzando alrededor del 500 a. C.[1] Más diverso que lo que los escritos de Julio César quizás sugieren, el pueblo de la Galia habitó las tierras de la moderna Francia, Bélgica y Luxemburgo, así como partes de los Países Bajos, Alemania, Suiza y el norte de Italia[2]. El nombre "Galia" fue dado a estas personas por los romanos, aunque la mayoría de ellos prefirieron llamarse a sí mismos celtas, al igual que sus primos que vivían en las Islas Británicas.

Los galos eran un pueblo agrícola, cuyas sociedades estaban divididas en clases de trabajadores y terratenientes. La clase dirigente era feroz y expandió su territorio a expensas de las tribus germánicas vecinas y de la República romana. Para el 390 a. C., los galos se

---

[1] Hughes, David. *Las crónicas británicas.* 2007.
[2] "Definición de la Galia". *Enciclopedia de historia antigua* Web. 28 de abril 2011.

habían asentado a lo largo de la costa norte del Mediterráneo, y un grupo de ellos llamados senones, se movieron audazmente para saquear Roma[3]. Dirigidos por un líder llamado Breno, la tribu invasora quemó y saqueó la ciudad hasta que tanto los defensores como los agresores quedaron exhaustos. Los soldados romanos restantes ofrecieron a los senones una buena suma de oro para que se fueran, y la propuesta fue aceptada.

Estas tribus celtas fueron conocidas por varios nombres dependiendo de la región donde vivían y de quién les daba el nombre. Los términos "keltoi", "celtae", "celtini" y varios otros se referían a los habitantes de las diferentes regiones de la Galia. Las características en común que unían a todas las tribus celtas de estas regiones aún no se conocen completamente, pero sus destinos eventualmente los unirán. Ellos y sus tierras fueron un objetivo para el Imperio romano y sus conquistas.

Sin información histórica escrita de esta época, lo que se conoce de los galos proviene en su mayoría de lo que se ha encontrado en arqueología, algunos estudios lingüísticos y, más recientemente, a través de la genética. La información que se ha recogido de los restos de la sociedad muestra que las tribus celtas, que vivían en la Galia antes de la guerra de las Galias, tenían establecida una exitosa sociedad agrícola. La crianza de animales también se desarrolló bien con estas personas. El comercio se llevó a cabo entre las tribus en centros que estaban bastante urbanizados para la época, y mientras las tribus mantenían su propio orden social, comerciaban con artesanía, productos agrícolas y herramientas de manera consistente. Las tribus aún se consideraban en el acto de expansión, y estaban a menudo en desacuerdo entre sí por el territorio.

El siguiente mapa indica la ruta principal tomada por Cayo Julio César durante la guerra de las Galias.

---

[3] "La Galia, Región Antigua, Europa". *Encyclopedia Britannica*. Web.

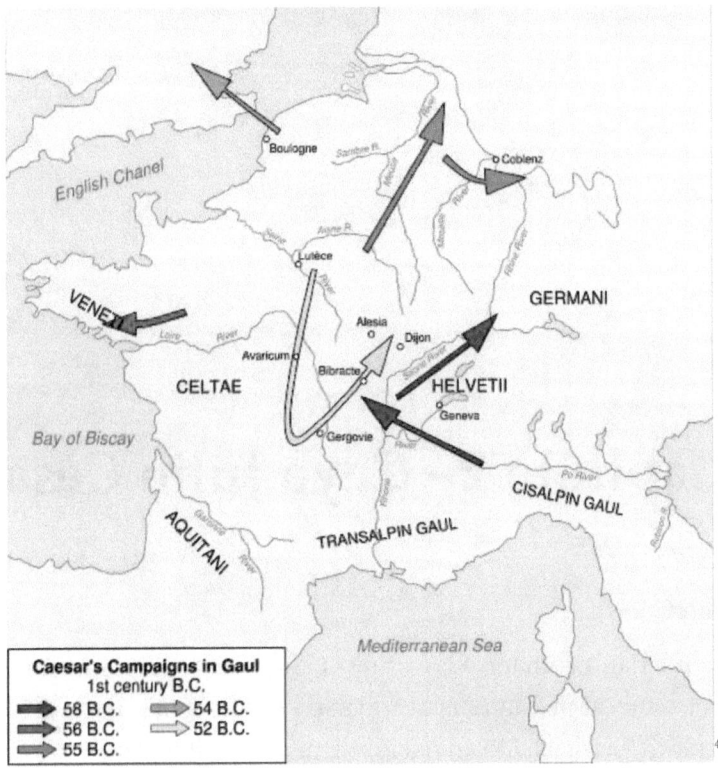

[4] Mapa de la campaña de César en la Galia. Creador: Semhur. Derived from Historicair's Carte de la Guerre des Gaules. Licencia: Creative Commons Attribution-Share Alike 2.5 Generic, 2.0 Generic and 1.0 Generic.

# Capítulo 2 - Cayo Julio César

*Veni, vidi, vici.*

(Julio César)

El ciudadano romano Cayo Julio César nació alrededor del 100 a. C. en el seno de una familia acaudalada e influyente. Parte de la clase aristocrática patricia, César nació en una sociedad que esperaba que sirviera en el gobierno y en el ejército, ya que ambos eran considerados los pilares de la civilización romana. Sin embargo, primero, como un joven privilegiado, Julio César tenía derecho a la mejor educación que el mundo occidental pudiera ofrecer.

El joven César fue instruido por Marco Antonio Gnifo, un hombre que había nacido libre en la Galia antes de que sus padres lo vendieran como esclavo[5]. Educado de forma clásica y eventualmente liberado por su dueño, Gnifo estableció una escuela en Roma y se convirtió en el maestro de muchos de los niños ricos e incluso de algunas niñas de la República romana. Enseñó a Julio César lecciones de literatura, retórica, oratoria, latín y griego, este último muy de moda entre la élite romana.

---

[5] Toner, Jerry. *Cómo manejar a sus esclavos*. 2014.

Durante la niñez y la adultez temprana de César, la República romana se vio envuelta en una lucha por el poder con otros reinos de Italia en la llamada guerra social. Desde el 91 al 88 a. C., la guerra social fue causada principalmente por la negativa de la república en conceder la ciudadanía a sus aliados periféricos en toda Italia[6]. En la antigua Roma, la ciudadanía era sumamente apreciada y difícil de conseguir, solo los hombres mayores de 18 años, que habían nacido libres en Roma y cuyos padres también habían nacido allí, se consideraban ciudadanos[7]. La ciudadanía otorgaba el derecho a votar y a servir en el gobierno, y era negada a mujeres, niños, esclavos y extranjeros.

La República romana salió victoriosa en la guerra social, pero para evitar un nuevo levantamiento de este tipo, se vio obligada a permitir que los hombres libres de al menos 18 años de edad nacidos dentro del reino reclamaran la ciudadanía[8]. Sin embargo, las luchas internas no terminaron en la capital, y esta vez tuvieron un impacto personal en la familia César. El tío de Julio César, Cayo Mario, y el protegido de Mario, Lucio Cornelio Sila, comenzaron una violenta disputa por sus opiniones políticas opuestas. Mario era un popular: creía, como muchos otros romanos, que el Senado debía trabajar a favor de las clases trabajadoras y pobres. Por el contrario, Sila era un optimate: él y otros optimates creían que las clases aristocráticas y ricas debían ser defendidas, protegidas y respetadas por encima de todo[9].

En el año 82 a. C., Sila derrotó a Cayo Mario, el Joven, hijo de Cayo Mario (que había muerto por causas naturales en el año 86 a. C.), y se estableció como el dictador de Roma[10]. Aunque por ley los líderes romanos, llamados cónsules, eran elegidos y servían solo un año, la dictadura era un seguro en la república que podía utilizarse en

---

[6] Dart, Christopher J. *La Guerra social, 91 to 88 BCE: Una historia de la insurgencia italiana.* 2016.
[7] Loewenstein, K. *La gobernanza de ROMA.* 1973.
[8] Goldsworthy, Adrian. *César: La vida de un coloso.* 2013.
[9] Kittridge, Mary and Arthur Meier Schlesinger. *Marco Antonio.* 1987.

tiempos de emergencias militares[11]. Como dictador, Sila castigó al joven Julio César por su conexión con Cayo Mario, pidiéndole que renunciara a su importante cargo como sumo sacerdote de Júpiter y que se divorciara de su nueva esposa, Cornelia Cina. César no tuvo más remedio que renunciar a su posición en el clero, pero se negó a seguir adelante con el divorcio y, en cambio, huyó de la ciudad con Cornelia. Se mantuvieron alejados, César trabajó en el ejército, hasta la muerte de Sila en el 78 a. C.[12] Como la administración dictatorial ya había confiscado la riqueza de su familia, César tenía poco a lo que volver, pero se puso a trabajar como abogado para ganar dinero y mantenerse[13].

Julio César demostró ser una figura popular dentro de Roma. Se hizo famoso por sus discursos públicos, y a los pocos años de su regreso, César fue elegido tribuno militar del Senado romano. Su papel consistía en reunirse con funcionarios del gobierno, hablar en nombre del ejército y votar acerca de asuntos que afectaban a los militares. Tribunos como César también eran responsables de liderar cohortes, el romano antiguo equivalente a un batallón moderno[14]. El trabajo se consideraba el primer paso hacia el corazón del gobierno romano, y esa era la dirección a la que Julio César decidió que quería ir. Hizo aliados políticos que también se inclinaban por la ideología popular, y para el 67 a. C., no solo había trabajado como cuestor en Hispania, sino que se había casado, tras la muerte de Cornelia, con Pompeya, la nieta de Sila[15,16].

---

[10] Ibíd.
[11] "Dictador, funcionario romano". *Encyclopedia Britannica*. Web.
[12] Mackay, Christopher S. *Antigua Roma*. 2004.

[13] Baker, G. P. *Sila el afortunado*. 2001.
[14] Cartwright, Mark. "Tribuno". *Enciclopedia de Historia Antigua*. Web. 7 diciembre 2016.
[15] Paterculus. *Historiae Romanae*.
[16] Chrystal, Paul. *Mujeres romanas*. 2017.

Siete años más tarde, habiendo servido como gobernador de una región de La Española y ganando popularidad en la esfera política, César formó un pacto con otros dos hombres poderosos para manejar el poder máximo de Roma entre ellos[17]. El grupo, conocido como el Primer Triunvirato, incluía a Cneo Pompeyo Magno, más conocido como Pompeyo el Grande, y Marco Licinio Craso. Pompeyo era un hábil general con experiencia en los reinos orientales de Roma y Craso era inmensamente rico debido a la incautación y venta de tierras que pertenecían al difunto Sila[18]. Con su experiencia combinada, el triunvirato tenía los fondos, el conocimiento político y las redes sociales necesarias para forzar su camino hacia la cima.

En el 59 a. C., César instruyó a su hija, Julia, a que se casara con Pompeyo para consolidar su alianza política[19]. César fue elegido cónsul ese mismo año, y para satisfacer a sus aliados, concedió tierras gratuitas a los veteranos del ejército, como se lo pidió a Pompeyo, y los agricultores recibieron una exención de impuestos, que fue solicitada por Craso. Por su parte, el nuevo cónsul de Roma se hizo cargo de la gobernación de la Galia Cisalpina y de Ilírico, regiones que, según él, le permitirían hacerse muy rico. Poco después, también se le concedió la gobernación de la Galia Transalpina. Tanto Cisalpina como la Galia Transalpina estaban cerca de Italia, a ambos lados de los Alpes.

Era la situación ideal para Julio César. Inicialmente, planeó lanzar una campaña contra Dacia, ubicado en la actual Rumanía, por el oro bajo su superficie. Sin embargo, una oportunidad en la Galia Transalpina llamaría su atención[20]. Su tiempo en el cargo se fijó en cinco años, y prometía estar lleno de oportunidades.

---

[17] Bunsen, Matthew. *Un diccionario del Imperio romano.* 1995.
[18] "Marcus Licinius Crassus, estadista romano". *Encyclopedia Britannica.* Web.
[19] Bunsen, Matthew. *Un diccionario del Imperio romano.* 1995.
[20] Waldman, Carl and Catherine Mason. *Enciclopedia de los pueblos europeos.* 2006.

Sin embargo, esto era lo peor que le podía ocurrir a las tribus celtas de Europa Occidental.

# Capítulo 3 – Los celtas helvecios

*No había duda de que los helvecios eran los más poderosos de toda la Galia.*

(Julio César)

Los helvecios eran una de las tribus celtas de la Galia. Venían de lo que hoy en día es el sur de Alemania y se asentaron en la actual Suiza, frente a los Alpes. Las tribus germánicas del norte y del este presionaban a este grupo, que no tenía espacio para la expansión. De hecho, sus reclamos de tierra habían sido reducidos constantemente por las tribus germánicas que los rodeaban, y tanto las migraciones como las expansiones seguían creando tensión entre los grupos.

Orgétorix, un noble helvecio, convenció a su pueblo alrededor del 61 a. C. de que la migración a la costa oeste les permitiría expandirse cuando fuera necesario. Esta migración implicaría cruzar las regiones pobladas por otras tribus galas, que veían la migración como una invasión. Haciendo el plan aún más complicado, la región costera en la que Orgétorix tenía el ojo puesto, ya estaba habitada por los aquitanos. Se enviaron emisarios para negociar el paso a través de las tierras de las tribus vecinas mientras los helvecios se preparaban para la migración masiva. La hija de Orgétorix se casó con Dúmnorix, un líder vecino que se alineó con Orgétorix y su plan decisivo de convertirse en los reyes de sus respectivos territorios. Cástico, de la tribu vecina de los sécuanos, también se adhirió al plan de Orgétorix.

Los planes políticos personales de Orgétorix de tomar el control de los helvecios y convertirse en su soberano absoluto, fueron descubiertos y frustrados. Se quitó la vida antes de que se pudiera llevar a cabo un juicio, y así, cuando se produjo la migración, su mente maestra ya no formaba parte del plan. César anota la muerte de su adversario en los *Comentarios sobre la guerra de las Galias,* pero no da ninguna fecha concreta acerca de cuándo ocurrió. En cuanto a los romanos, no aprobaron el plan helvecio de expandirse hacia la costa. Se pensaba que la inestabilidad de este tipo de expansión era una amenaza para los romanos que habían establecido rutas entre las provincias de Italia y España. A los romanos también les disgustaba la idea de que las tribus germánicas se movieran más lejos en el área que los helvecios dejaron atrás, ya que eso aumentaría aún más su poderoso reino.

Los preparativos para la gran mudanza duraron unos tres años, y durante ese tiempo se maximizaron las cosechas a fin de traer consigo la mayor cantidad de maíz y suministros cuando se marcharan. Reunieron carros y animales para tirarlos, y estos suministros estaban destinados a durar durante los tres meses de viaje. Cuando comenzó la migración, hubo otras tribus, como los ráuracos, los latobicos y los tulingos en la Galia, que decidieron unirse a los helvecios. Estos grupos no eran tan grandes como el grupo migratorio original, pero con su incorporación, el grupo migratorio se convirtió en el más grande y poderoso de toda la Galia. Según el relato posterior de Julio César, se reunieron cerca de 370.000 personas, incluyendo mujeres y niños.

Los migrantes no eran en lo absoluto un grupo de viajeros pacíficos. Saqueaban a medida que se desplazaban por el territorio, quemando sistemáticamente las aldeas que encontraban, junto con los alimentos y objetos de valor que no podían llevar consigo en el viaje. Se cree que esto era para mantenerlos concentrados en seguir adelante, si no se dejaban aldeas atrás, no habría nada que distrajera a los migrantes en términos de terrenos. Era la costa mediterránea o nada.

Fue una época de temor para otras tribus, que se preocupaban de que sus propias familias, pertenencias y tierras estuvieran en peligro a causa del saqueo de los migrantes. El propio relato de Julio César sobre estos migrantes es el de un pueblo valiente y guerrero. Él creía que era poco probable que tuvieran un viaje sin incidentes o que encontraran la paz con los habitantes y vecinos de su nuevo destino, y eso incluía a la República romana.

Los helvecios estaban destinados a un gran enfrentamiento con los romanos al desplazarse hacia el oeste en abril del 58 a. C.[21]. Cuando Julio César fue informado de su aproximación al territorio romano, se le dijo que los migrantes habían pedido permiso para cruzarlo. Aquí, se enfrentaron a su mayor obstáculo y enviaron un mensaje a los romanos de que se moverían pacíficamente a través de ese rincón del imperio si se les permitía pasar[22]. César no deseaba conceder ese acceso, ni creía que los migrantes helvecios mantuvieran el orden si se les permitía el paso. Basándose en la destrucción que dejaron atrás, había pocas razones para confiar en su palabra.

César respondió que su petición sería considerada. Mientras esperaba una respuesta, el gobernador reunió rápidamente sus fuerzas armadas y se dirigió al lugar donde los helvecios y sus aliados migrantes agrupados deseaban cruzar al territorio romano. Creyendo que los migrantes podrían intentar pasar sin su permiso, César estableció guarniciones y fortificaciones para impedirles avanzar. En la fecha señalada en la que César había prometido una respuesta, los helvecios fueron informados de que no se les daría el paso. Además, se les dijo que, si intentaban cruzar por la fuerza, se encontrarían con

---

[21] Rickard, J. "Batalla del Arar, junio 58 a. C.". *Historia de la Guerra*. Web. 17 de marzo 2009.
[22] Yenne, B. *Julio César: Lecciones de liderazgo del gran conquistador*. 2012.

resistencia. Las fuerzas de César eran fuertes y numerosas, y los viajeros no tuvieron más remedio que cambiar el camino de su viaje.

Como pasar por la provincia de César ya no era una opción, los helvecios solo tenían una alternativa para llegar a su destino en la costa: atravesar las tierras del pueblo sécuano a lo largo del borde de las montañas del Jura. Gracias a la conexión de Dúmnorix con el pueblo de los sécuanos, fue capaz de convencerlos de que permitieran a los helvecios pasar por sus tierras sin obstáculos. A cambio, se le prometió que el tren migratorio no causaría ningún daño a su paso[23].

Después de pasar por las tierras de los sécuanos, los helvecios llegaron al territorio de heduos, donde inmediatamente regresaron al saqueo y la quema. Robaron y arrasaron los campos y pueblos, tomando esclavos y cualquier suministro que quisieran. El pueblo de los heduos estaba desamparado y no tenía defensas contra este ataque, y en un momento de pánico, enviaron embajadores para buscar la ayuda de César y de los romanos.

---

[23] Billows, R. *Julio César: El Coloso de Roma.* 2009.

# Capítulo 4 – La guerra helvecia

Fascinado ante la oportunidad de flexionar sus músculos militares, César organizó sus tropas. No había logrado invadir Dacia como estaba planeado, pero al responder a la petición de ayuda de los heduos, César había conseguido que el senado romano permitiera la guerra en curso. Sin embargo, esta no fue una decisión que los senadores tomaron a la ligera. Roma tenía la política de participar solo en guerras defensivas y cualquier guerra expansiva solo podía ser permitida después de un acuerdo senatorial abrumador que determinara que era en el mejor interés del propio pueblo romano. El único propósito del proceso electoral y los límites de los mandatos de los empleados del gobierno era impedir que los aspirantes a emperadores utilizaran el poderío de Roma para sus propios fines. Por lo tanto, los senadores permitieron de mala gana que César luchara contra los helvecios en defensa de los heduos, pero trataron de vigilar muy de cerca los procedimientos.

Antes de partir en busca de los migrantes, César se dirigió a Italia para obtener un considerable ejército entrenado y añadirlo a sus fuerzas existentes. En total, se le dio el liderazgo sobre unos 120.000 hombres de combate. A estos soldados romanos se les prohibió legalmente casarse durante su tiempo en el ejército, y aunque oficialmente se esperaba que permanecieran célibes durante el curso de su servicio, tales cosas eran imposibles de hacer cumplir. Los soldados de César eran una combinación de combatientes nacidos en Roma y hombres nacidos en el extranjero, leales a la República romana. A estos últimos se les llamaba "auxiliares", y solo ganaban un tercio del salario de los ciudadanos romanos naturales con los que luchaban. Mientras que la mayoría de los soldados romanos pasaban la mayor parte del tiempo entrenando y sirviendo como guardias, el ejército de César solo podía encontrar alivio durante el invierno, ya que era normal parar la guerra durante los meses fríos.

Cuando César y su ejército de guerreros alcanzaron a los helvecios en junio del 58 a. C., estos últimos estaban en medio de una expedición de 20 días para cruzar el río Saona, cerca del centro de la actual Francia. Con una cuarta parte de su número aún en la orilla oriental del río al alcance del ejército romano, César atacó en medio de la noche con tres de sus legiones[24]. Los migrantes fueron desviados, y en las cartas de César al Senado, afirmó que su propio ejército puso un puente sobre el mismo río y lo cruzó en un día:

> Esta batalla terminó, para que él pudiera llegar con las tropas restantes de los helvecios, procura que se haga un puente sobre el Saona, y así dirige a su ejército. Los helvecios, confundidos por su repentino arribo, al darse cuenta de que había ejecutado en un día lo que ellos mismos habían logrado con suma dificultad a penas en veinte, el cruce del río, le enviaron embajadores[25].

La política siempre estuvo en la mente de César y quería asegurarse de que la gente de Roma tuviera muchas razones para admirar y apoyar lo que estaba haciendo en los territorios del norte. Consciente de que los senadores intentarían poner fin a la campaña militar tan pronto como la amenaza de los helvecios se hubiera resuelto, César tenía que encontrar una razón para seguir adelante

---

[24] Rickard, J. "Batalla del Arar, junio 58 a. C.". *Historia de la Guerra*. Web. 17 de marzo 2009.
[25] César, Julio. *Comentarios sobre la guerra de las Galias*.

con su ejército. Su nuevo objetivo era exactamente lo que los senadores tradicionales temían: nada menos que la incorporación del resto de la Galia al dominio romano. Para facilitar este objetivo, el gobernador decidió mantener a los senadores y al electorado, que lo aclamaba como un héroe, al día en todas las complejas razones por las que debía luchar fuera de las fronteras romanas.

Según el propio relato de César, aunque escrito en tercera persona, las legiones romanas persiguieron a los helvecios rápida y eficazmente. Se intentaron negociaciones por parte de los migrantes, pero ninguno de ellos pudo llegar a un acuerdo en términos pacíficos, por lo que ambas partes se apresuraron a avanzar, moviéndose hacia el oeste. Con pocos suministros, en junio, César ordenó a su ejército que se detuviera en la ciudad aliada de Bibracte. Los helvecios usaron esta pausa como una oportunidad para atacar por la retaguardia a sus perseguidores, y mientras los romanos marchaban hacia la ciudad, las fuerzas migrantes los siguieron sigilosamente.

Los helvecios, sin embargo, no pudieron realizar un ataque sorpresa. Los exploradores de César los vieron acercarse, y una vez que fue advertido sobre sus perseguidores, ordenó a su unidad de caballería que se detuviera y formara un muro. Más allá de los soldados a caballo, las legiones se dispersaron. Las legiones con más experiencia se colocaron estratégicamente en una línea defensiva, mientras que a las dos legiones más nuevas se les ordenó flanquear a sus superiores en la cima de una colina[26].

El enemigo atravesó la línea de caballería y se acercó a las líneas romanas en una estructura clásica de falange[27]. La falange, comúnmente usada por los antiguos griegos, consistía en una disposición rectangular de guerreros densamente apretados[28]. Aunque la batalla había sido incitada por los helvecios, fueron los romanos

---

[26] Rickard, J. "Batalla de Bribracte, junio 58 a. C.". *Historia de la Guerra.* Web 18 de marzo 2009.

[27] Ibíd.

[28] Time-Life Books. *Cómo era la vida en los albores de la democracia.* 1997.

quienes lanzaron las primeras jabalinas y comenzaron a romper la formación enemiga. Los helvecios no eran ajenos a la guerra, y durante un tiempo, se las arreglaron para sacar ventaja al rodear al ejército romano. César se vio obligado a ordenar a una línea de sus hombres que diera la vuelta y se enfrentara a los ataques por el costado mientras el resto continuaba luchando contra la mayor parte del ejército enemigo.

Lucharon implacablemente durante toda la tarde y noche hasta que los romanos finalmente irrumpieron en el campamento de los helvecios y los obligaron a retirarse. Los helvecios sobrevivientes siguieron adelante, mientras que las legiones de César se quedaron atrás para descansar durante tres días. No les faltaban suministros, ya que los helvecios en retirada habían dejado atrás la mayoría de sus posesiones[29]. Una búsqueda de los bienes reveló un documento que contaba a todas las personas involucradas en la migración masiva. En total, escribió César, había 368.000 anotados en el documento. Después de un tiempo de recuperación suficiente, los romanos se levantaron y marcharon una vez más en busca de los helvecios. La siguiente vez que se encontraron, estos últimos se rindieron.

César estaba a cargo de lo que sucedería con los migrantes derrotados con ayuda de los miembros de la tribu de los heduos, y juntos, decidieron que se debía permitir que algunos miembros del grupo de migrantes se establecieran entre los heduos. Estos eran los boyos, un pueblo por el que los heduos sentían cierta afinidad[30]. En cuanto a César, estaba feliz de hacerles el favor, ya que no se sentía cómodo dejando vacías las tierras deshabitadas de los heduos. Una vez que se establecieran las aldeas y las granjas, los nuevos habitantes podrían defenderlo mejor y mantener fuera a las tribus no deseadas.

---

[29] César, Julio. *Comentarios sobre la guerra de las Galias*.
[30] Ibíd.

En cuanto a los helvecios, tulingos y latobicos, César les ordenó regresar de donde vinieron. Escribió que de los 368.000 migrantes que se informó habían tratado de llegar a la costa occidental de Europa, solo 110.000 regresaron a casa. Para aquellos que leyeron sus cartas, no cabía duda de la magnificencia de su victoria.

# Capítulo 5 – Ariovisto, el rey germano

*Ariovisto, el rey de los germanos, se había establecido en sus territorios y se había apoderado de un tercio de su tierra, que era la mejor de toda la Galia, y ahora les mandaba a evacuar otra tercera parte. La consecuencia sería que en unos pocos años todos serían desterrados de los territorios de la Galia, y todos los germanos cruzarían el Rin.*

(Julio César, *Comentarios sobre la guerra de las Galias*)

La República romana no fue la única fuerza europea contra la que los galos se vieron obligados a defender su territorio y su forma de vida. Al este de la Galia y al norte de Italia, las tribus germánicas gobernaban, y algunas de ellas también querían participar en los reclamos de tierras de la Galia. Uno de estos gobernantes, Ariovisto, observó los eventos del 58 a. C. astutamente, planeando cómo aprovechar mejor la situación. Decidió unir a las tribus germánicas y galas para luchar contra la invasión de la República romana.

Ariovisto no era desconocido para el pueblo de la Galia, ya que algunos habían acudido a él en busca de ayuda en una guerra previa contra los heduos. Debido a su anterior alianza con los arvernos y los sécuanos de la Galia, Ariovisto estaba bien posicionado para incitar un movimiento anti-romano en tierras galas. También estaba en una posición ideal para comenzar a mover su propia gente a la Galia, ya que tanto las tribus locales como los vigilantes romanos estaban en términos oficialmente amistosos con él. Ariovisto había sido otorgado con los títulos de Amigo de Roma y Rey de Germania en el 59 a. C. por el Senado romano[31]. César se apresuró a señalar esto cuando los dos se reunieron cara a cara dos años después para discutir los términos.

Tan pronto como César y sus legiones derrotaron a los helvecios y detuvieron la migración masiva de su pueblo, se vio obligado a ocuparse de un nuevo grupo masivo de migrantes que se desplazaban desde Germania. Había recibido la noticia de que los suevos germanos estaban luchando con los heduos en los Vosgos, por lo que partió a unos 280 kilómetros (174 millas) al noreste para enfrentarse a ellos. En el camino, los romanos se encontraron con muchos galos en los pueblos, donde se detuvieron para conseguir grano y provisiones, y se les habló una y otra vez de la inmensa estatura y fuerza de sus oponentes germanos.

Las legiones romanas se comenzaron a distraer y a aterrorizar cuando estos rumores volaron por las filas, y en las cartas de César a casa, describió cuántos de sus hombres pidieron permiso para volver a sus hogares. Otros cayeron en lágrimas al pensar en acercarse a Ariovisto y su ejército de hombres gigantes, y al final, la moral de las legiones estaba tan abatida que incluso los oficiales comenzaron a decirle a César que la batalla no era factible. En *Comentarios sobre la guerra de las Galias*, César escribió:

> Algunos en realidad le dijeron a César que cuando diera la orden de atacar el campamento y avanzar, los hombres no obedecerían y estarían demasiado aterrorizados para moverse. Observando el estado de las cosas, César llamó a consejo, al que fueron convocados los centuriones de todas las clases, y

---

[31] Shotter, David. *La caída de la República romana*. 2005.

los reprendió severamente por presumir que era asunto suyo preguntar o incluso considerar a dónde iban, o en qué encargo.

Antes de entrar en el campo de batalla, César y el rey germano Ariovisto intercambiaron una serie de mensajes. Los líderes se reunieron a caballo para dialogar mientras sus líneas de caballería se enfrentaban, las piedras eran lanzadas contantemente por los germanos hacia los romanos. César se negó a dejar que sus soldados fueran provocados a comenzar una pelea en ese momento, pero tampoco cedió a las demandas de Ariovisto de dejar la Galia a su suerte.

César fue firme, pero diplomático con el rey germano, reconociendo la amistad política que ambos disfrutaban y llamando a Ariovisto a detener el movimiento de su gente en la Galia. La respuesta de Ariovisto fue incrédula, el rey germano le dijo a César que la migración era asunto suyo y que Roma no tenía derecho a interferir. César insistió en que, dado que los migrantes germanos estaban involucrados en el pillaje y la guerra contra los heduos, era su obligación como gobernador y protector de Roma y de sus aliados, actuar contra los intrusos. A esto, Ariovisto alegó que era su derecho como rey conquistar a otras personas y exigir impuestos.

César describió a Ariovisto como un líder demasiado confiado, específicamente en su creencia de que el Senado romano se mantendría firme en su oferta de amistad, a pesar de estas incursiones violentas en territorio aliado. Ariovisto llegó a insinuar que, si mataba a Julio César, incluso se ganaría la lealtad de muchos miembros del Senado. El diálogo terminó rápidamente después de eso y César se apresuró a irse con su caballería, ya que el grupo germano se había vuelto más revoltoso durante la discusión y parecía listo para instigar la guerra en cualquier momento.

Al día siguiente, Ariovisto le dijo a César que deseaba otra oportunidad. Cansado y desconfiando de su rival, el gobernador envió a dos de sus hombres, Cayo Valerio Procilo y Marco Meció, a reunirse con el rey. Cuando Procilo y Meció vieron a los germanos preparando sus líneas de batalla, fueron capturados y encadenados.

César se preparó en los días siguientes para enfrentarse a Ariovisto en la batalla, pero las líneas germanas se negaron a presentarse. Aparentemente, la estrategia del rey rival era avanzar un poco cada día, con sigilo, línea por línea, solo participando en pequeñas peleas sin involucrar al grueso de su ejército. Más importante aún, colocó algunas de sus propias tropas por la línea de suministro de los romanos, cortando sus recursos de comida y agua. Al obligar a los romanos a participar en pequeñas escaramuzas en los días siguientes, Ariovisto se aseguró de que su enemigo estuviera hambriento y cansado para la batalla verdadera.

César postuló que la razón por la que los germanos no se involucraban en una batalla como era debido durante ese tiempo, era porque habían sido advertidos por sus mujeres sabias de que no debían luchar antes de la luna nueva. Eso puede ser o no cierto, pero el hecho era que Ariovisto tenía más tropas y tenía a los romanos rodeados. Ariovisto, por lo tanto, podía darse el lujo de atacar cuando quisiera.

El líder romano era superado en número y se le habían cortado las provisiones, pero aún no se quedaba sin comida. Sabía que debía obligar a los germanos a luchar inmediatamente para evitar ser derrotados o rendirse. Usando sus mejores líneas de hombres como escudo a unos 550 metros (600 yardas) del campamento germano, César ordenó que se construyera un campamento romano secundario. Estacionó dos de sus legiones allí y cuatro en el campamento original. Al día siguiente, las unidades auxiliares proporcionaron cobertura mientras las seis legiones se deslizaban en una línea de batalla, en formación *triplex acies*. La formación en *triplex acies* era una clásica táctica militar romana, en la que los guerreros veteranos se colocaban en la tercera línea de batalla para actuar como barrera y anclaje. Si las dos primeras filas se veían abrumadas, podían retroceder detrás de las líneas de veteranos y reagruparse o retirarse de la forma más ordenada posible.

En esta formación, el ejército romano avanzó sobre el campo germano. Rápidamente, los hombres de Ariovisto formaron una falange, moviéndose al frente de una caravana llena de mujeres y niños. César comentó que esta era una operación militar estándar para los germanos y especuló que estaba destinada a ser motivacional, ya que las mujeres y los niños gritaban y sollozaban mientras se desarrollaba la lucha.

Los germanos respondieron al avance de las legiones tan rápido, escribió César, que los romanos no tuvieron tiempo de lanzar sus jabalinas. Los soldados dejaron caer sus armas de largo alcance y blandieron sus espadas, entrando inmediatamente en el combate mano a mano. Algunos de los hombres del frente romano saltaron al muro de escudos de los germanos para arrancar los instrumentos defensivos de sus manos enemigas y apuñalarlos hasta la muerte desde arriba.

Al final, las tropas de César salieron victoriosas. Los germanos fueron derrotados, y los que aún podían escapar corrieron 24 kilómetros (15 millas) hasta el río Rin, cruzándolo en barco o nadando. Procilo y Meció, que habían permanecido encadenados durante la batalla, fueron liberados y recibidos con alegría en las filas romanas. Miles de hombres, mujeres y niños germanos fueron dejados atrás y tomados prisioneros por los hombres de César. Este resultó ser el mejor premio de todos, ya que César podía venderlos como esclavos con un increíble beneficio para sí mismo.

Después de la batalla de los Vosgos, los migrantes germanos regresaron a su tierra natal, donde al parecer Ariovisto había perdido su autoridad. Murió unos años después debido a circunstancias poco claras.

# Capítulo 6 – La batalla del Sabis

*De todos estos [galos], los belgas son los más valientes, porque están más alejados de la civilización y del refinamiento de [nuestra] provincia.*

(Julio César)

Después de haber participado con éxito en dos importantes campañas durante su primer año como gobernador de la Galia Transalpina y Cisalpina, César posicionó a sus legiones con los sécuanos durante el invierno para darles su debido descanso. Era costumbre que los generales de su época solo combatieran en los meses más cálidos del año, así que dejó sus tropas bajo la autoridad de Tito Labieno y se refugió en otro lugar de la Galia Cisalpina. Ahí, César recibió repetidos informes de varias fuentes de que la gente belga del lejano norte de la Galia estaba conspirando contra él.

Los belgas eran un pueblo agrícola y muchos de ellos habían migrado a través del Canal de la Mancha a la Bretaña de la Edad de Hierro, donde ayudaron a revolucionar la agricultura con su pesado arado e introdujeron el torno de alfarero a la gente que vivía allí[32]. Originalmente de herencia germánica, los belgas aún compartían una frontera con Germania. No está claro cuánto tiempo llevaban

---

[32] "Belga, pueblo antiguo". *Encyclopedia Britannica*. Web.

viviendo en la parte occidental de Europa, pero tuvo que pasar mucho tiempo para que César se relacionara con ellos como galos en lugar de germánicos.

Cuando el clima volvió a ser cálido de nuevo en el verano del 57 a. C., César levantó dos legiones más en la Galia Cisalpina[33]. Mientras esperaba que estas tropas adicionales terminaran su entrenamiento, César envió emisarios al pueblo galo con el que estaba aliado, y se enteró de que todos ellos habían informado que los belgas estaban reuniendo un ejército contra él. Al oír esta noticia, César convocó a los hombres de su retirada invernal y marchó en contra del nuevo enemigo.

Al darse cuenta de que los belgas tenían lealtades divididas en una variedad de subgrupos, César consideró su estrategia mientras reunía a sus hombres. Si podía evitar una batalla contra toda la fuerza unificada de los belgas, que según había oído, eran cerca de 300.000, sus probabilidades de una victoria fácil aumentaban enormemente. Por lo tanto, César ordenó a las tropas de heduos que atacaran a los belóvacos mientras se preparaba para reunirse con el resto de las tropas enemigas. A orillas del río Aisne, los romanos acamparon y pusieron guardias en el puente por el que iban a recibir las provisiones. El campamento estaba fortificado por una alta muralla y una amplia zanja.

Los belgas comenzaron su marcha sobre la ciudad aledaña de Bibracte, y después de un día de asedio a las murallas y fortificaciones de la comunidad, se detuvieron en la noche y se escabulleron de vuelta a su campamento. César observó que sitiaron con el mismo estilo que los germanos. Al caer la noche, los mensajeros de Bibracte corrieron al campamento de César y le instaron a enviar una tropa de apoyo a la ciudad para el asedio previsto para el día siguiente. Cumplió, suministrando arqueros y honderos a las fuerzas defensivas de la tribu de los remos.

---

[33] César, Julio. *Comentarios sobre la guerra de las Galias.*

La entrada de estos guerreros romanos a Bibracte cambió el curso del ataque belga, que determinó entonces abandonar la ciudad y simplemente quemar y saquear los alrededores. Una vez que estuvieron satisfechos con eso, se trasladaron al campamento de César e hicieron su propio campamento a unas dos millas de los romanos. César señaló en sus cartas que el humo de las hogueras enemigas indicaba que su campamento tenía al menos ocho millas de ancho.

El evidente tamaño del campamento enemigo hizo reflexionar a César. Consideró si había alguna manera de abstenerse de la batalla que se avecinaba y ahorrarse lo que probablemente serían pérdidas considerables. Antes de tomar una decisión firme, César envió a su caballería a luchar en una serie de escaramuzas a pequeña escala para determinar qué bando tenía una técnica y destreza superior. Fue un movimiento muy similar al utilizado en los romanos por Ariovisto el año anterior, y sirvió para convencer a César de que sus propias tropas tenían la fuerza para vencer a los belgas.

Con determinación, César preparó sus campos de batalla. El espacio entre los dos campamentos del ejército contenía una colina poco profunda sobre la que imaginaba sus seis legiones. Estacionaría las dos nuevas legiones entrenadas en la Galia Cisalpina en el campamento mientras rogaba al enemigo que rodeara a sus veteranos en la colina. Sus nuevos soldados podrían llegar por el flanco si fuera necesario. Habiendo cavado una serie de trincheras a cada lado de la colina, el general estaba listo.

El ejército belga hizo su primer movimiento, y en lugar de situarse dentro de los terrenos preparados, intentaron cruzar el Aisne a cierta distancia del campamento de César. Al hacerlo, esperaban cortar la cadena de suministro de los romanos en el puente y arrasar con las aldeas de los remos, que abastecían a los romanos. César envió a algunos de sus hombres en dirección al puente, y después de lo que describió como una "lucha severa", tuvo éxito en la pelea contra el enemigo y en mantener la línea de suministro y el campamento del puente seguros. Los belgas se vieron obligados a retirarse por completo a sus propias tierras.

Mientras los belgas se retiraban, César los siguió varios días mientras atacaba esporádicamente por la retaguardia. A lo largo del recorrido, decidió aprovechar su paso cerca de una ciudad indefensa llamada Noviodunum para que sus soldados pudieran tomarla por la fuerza. El pueblo se rindió rápidamente y entregó rehenes a César para que les permitiera mantener su hogar en paz. Mientras los belgas seguían apresurándose para llegar a su casa, los romanos continuaron saqueando las ciudades galas como les parecía, deteniéndose solo para deliberar con sus amigos, los heduos y los remos.

# Capítulo 7 – La guerra germánica

*Son saqueadores del mundo, devastando la tierra con su hambre... son impulsados por la codicia, si su enemigo es rico, son avaros, si es pobre... destruyen, masacran, se apoderan de ellos con falsas pretensiones, y todo esto lo aclaman como la construcción de un imperio. Y cuando a su paso no queda nada más que un desierto, lo llaman paz.*

(Tacito, *Agrícola y Germania*)

En el año 55 a. C., los dos aliados políticos de César fueron elegidos simultáneamente para el puesto de cónsul romano, un puesto que siempre se ofrecía por parejas. Con Pompeyo y Craso a la cabeza del gobierno, la ley *Lex Trebonia* fue aprobada para otorgar a ambos cónsules un período de cinco años de gobierno de España y Siria, respectivamente[34]. Para Julio César, los cónsules concedieron una extensión de cinco años a su gubernatura original de las provincias de la Galia Cisalpina, la Galia Transalpina e Ilírico. Mientras Craso se preparaba para invadir Partia y Pompeyo construía el primer teatro permanente de Roma, César se comprometía una vez más con los invasores germanos.

---

[34] Gruen, Erich S. *La última generación de la República romana.* 1974.

Fueron las tribus de usípetes y téncteros quienes esta vez se abrieron camino a través del río Rin con la intención de encontrar tierra para asentarse en la Galia. Sus migraciones se vieron presionadas por los continuos ataques de los suevos en Germania, cuyo interminable acoso hizo muy difícil la industria básica de la agricultura. César describió a los suevos como el grupo más temible de Germania, con legiones y legiones de guerreros y el hábito de enviar anualmente mil hombres armados al mundo con el único propósito de la guerra.

César pudo haber tenido un poco de empatía por las tribus fugitivas de los usípetes y los téncteros, pero no fue suficiente para permitir que se establecieran en la Galia. Decidido a no permitir que los galos se arreglaran entre ellos, César regresó al ejército de su retiro invernal para enfrentarse a la nueva ola de migrantes germanos. Una vez allí, se encontró con que ciertos galos habían estado en contacto con los migrantes y les habían prometido que todas sus necesidades serían satisfechas después de cruzar el Rin. Por supuesto, esto iría en prejuicio de las tribus galas, que no habían entrado en tales negociaciones.

César convocó a los líderes de las tribus galas a una reunión en la que les inculcó la importancia de la unidad y de las tácticas defensivas. Fingiendo ignorancia de las anteriores alianzas políticas que se habían hecho entre algunos de esos líderes y los usípetes y los téncteros, César fácilmente llevó a todos los reunidos a la conclusión de que se unirían. De esta manera, el gobernador tuvo cuidado de no provocar un choque entre los miembros de la reunión que previamente habían puesto en peligro a los demás, fue un movimiento para unir a la Galia contra sus enemigos y bajo el liderazgo de la autoridad romana.

Se reunieron los suministros y los guerreros se prepararon antes de que César los llevara a reunirse con los germanos. Al hacerlo, recibió un emisario de las filas enemigas que entregó el siguiente mensaje:

> Los germanos no hacen primero la guerra al pueblo romano, ni tampoco la rehúsan si son provocados a

enfrentarse a ellos en armas. Por costumbre aprendida de sus antepasados, debían resistir a cualquier pueblo que les hiciera la guerra y no evitarla por medio de súplica..., llegaron hasta aquí contra su voluntad, expulsados de su patria. Si los romanos estuvieran dispuestos a aceptar su amistad, podrían ser aliados útiles con permitirles asignarles tierras, o dejarlos retener las que han adquirido por sus armas; que solo son inferiores a los suevos, a los que ni siquiera los dioses inmortales pueden mostrarse iguales, que no había nadie en la tierra a quien no pudieran conquistar.

César respondió que no había suficiente tierra para ofrecerles sin que perjudicara a las comunidades existentes en la Galia, pero que podrían tratar de mudarse a las tierras de los ubios y ayudar a ese pueblo a defenderse de los suevos. Los enviados acordaron suplicar a los ubios para tal arreglo, pidiendo que César no avanzara su ejército o los atacara hasta que se pudiera enviar una respuesta. César solo accedió a avanzar lo suficiente para encontrar agua para sus tropas, pero permitió que su caballería avanzara con órdenes de no provocar una pelea. Comenta en sus cartas que una vez que los germanos vieron acercarse a la caballería, empezaron a atacar.

La batalla fue corta, pero provocativa. Más de 70 caballos de los romanos fueron asesinados por el enemigo, así como varios de los guerreros a caballo[35]. Muchos de sus caballos, sin jinete y aterrorizados, volvieron galopando de donde habían venido y se encontraron con César y el resto de sus tropas a unas pocas millas del campo de batalla. Furioso, César se preparó con las legiones para enfrentarse a la guerra al día siguiente.

Sin embargo, antes de que se pudiera hacer cualquier movimiento de represalia, un gran grupo de germanos se acercó pacíficamente al campamento de César. Compuesto por personas a las que César describió como "príncipes y ancianos", quienes se disculparon

---

[35] César, Julio. *Comentarios sobre la guerra de las Galias.*

profusamente por el ataque y afirmaron no haber tenido nada que ver. Además, deseaban la paz y la oportunidad de negociar adecuadamente. Sin creer en la misma retórica por segunda vez, César hizo que los hombres fueran arrestados y comenzó a hacer avanzar a las tropas las ocho millas hasta donde el enemigo aún estaba en pie. Según sus cartas, había más de 400.000 germanos reunidos allí, incluyendo mujeres y niños entre los vagones y el equipaje.

El campamento germano era en un caos y no estaba preparado para un ataque tan rápido. Aunque algunos de sus guerreros fueron capaces de encontrar armas y luchar durante un tiempo, no fue suficiente. Los romanos los derrotaron con decisión hasta que huyeron en todas direcciones, muchos se lanzaron al Rin en un intento de escapar. Sin perder un solo soldado romano, César se alejó del campo vacío y regresó al suyo, diciendo a los germanos encarcelados allí que eran libres de seguir a su propia gente si lo deseaban. Nadie lo hizo.

Mientras los romanos descansaban y los germanos liberados reflexionaban sobre el giro de los acontecimientos, César consideró la mejor manera de dar seguimiento a la batalla del día. Había visto las mismas circunstancias repetirse una y otra vez, y advirtió que debía haber alguna manera de convencer a la gente de Germania de permanecer en su lado del Rin. De este modo, concibió un plan para seguir a su enemigo a Germania y detener las invasiones en su origen. Con ese fin, los romanos marcharon tras sus enemigos sobrevivientes y cruzaron a Germania, con la promesa de barcos del pueblo aliado ubio.

Los enemigos del otro lado de la frontera eran entusiastas jinetes, señaló César, y eran capaces de hacer que animales enfermos se convirtieran en trabajadores sanos y valiosos. En las cartas de César al Senado romano, contó a su audiencia cómo los caballos germanos estaban tan bien entrenados que permanecían quietos en su lugar durante la batalla después de que su jinete saltara a la contienda, esperando su regreso. Consciente de que su propia caballería era superada, César tuvo que confiar en la experiencia de su infantería. Ordenó a sus legiones que construyeran un puente sobre el Rin y se trasladaran por él durante un proceso de diez días antes de moverse con confianza a Germania.

Presionando hacia el este, César se reunió frecuentemente con enviados que pedían la paz entre los romanos y sus propias comunidades. Para estos, César tenía solo una respuesta: envíen rehenes y la alianza se realizará[36]. Los rehenes eran su método preferido para cimentar amistades, especialmente en nuevas relaciones. Cuanto más importante era el rehén, mayor seria era la demanda de paz de la tribu extranjera.

Sin embargo, los germanos cerca del Rin ya habían visto a los guerreros usípetes y téncteros en retirada, y se apresuraron a abandonar sus comunidades y a esconderse para evitar la confrontación. A César no le importaba dónde se escondían los germanos, solo quería infundir miedo en sus corazones para que no se les ocurriera cruzar a la Galia en un futuro próximo. Cualquier pensamiento de conquista y gobierno en esas tierras fue probablemente negado por el hecho de que la zona estaba tan políticamente dividida, pobre en metales preciosos y, de acuerdo a los estándares romanos, simplemente bárbara. Los romanos quemaron todas las aldeas y casas que pudieron encontrar, y después de 18 días en Germania, volvieron a casa y cortaron el puente que habían usado para llegar allí[37].

---

[36] César, Julio. *Comentarios sobre la guerra de las Galias.*
[37] Ibíd.

## Capítulo 8 – La Galia unida contra César de Roma

Pasaron dos años en los que no se eligió a Pompeyo, Craso ni César como cónsules, no obstante, todos ellos seguían trabajando como gobernadores dentro de sus respectivas provincias. En el 52 a. C., Pompeyo fue nombrado cónsul una vez más, pero Craso había muerto en su propia campaña militar contra Partia. En la Galia, una gran revuelta se había estado gestando contra César, y por extensión contra Roma, en manos de Vercingétorix.

Vercingétorix se convirtió en el líder de la tribu gala de los arvenos ese mismo año, y tenía un objetivo urgente en mente: la expulsión de Roma de las tierras galas. Se esforzó en convencer a su gente y a sus pares reales de que debían deshacerse del dominio de los romanos. Buscando la soberanía en la Galia, Vercingétorix se puso al mando de una rebelión. Era un momento difícil para César, que había planeado mantener a sus legiones descansando en sus cuarteles de invierno por varias semanas más. Pero, por otro lado, no quería perder la alianza con los heduos al permitir la invasión de galos revolucionarios con los que no estaban unidos.

Aún más, César no podía estar seguro de hasta qué punto los seguidores de Vercingétorix le brindaban su lealtad. Vercingétorix era el hijo de un rey galo asesinado por su propio pueblo por la deshonrosa ambición de gobernar sobre todas las tribus. Después de la muerte de su padre, Vercingétorix fue exiliado de su tierra natal por un corto tiempo antes de que sus partidarios le dieran la bienvenida. Vercingétorix expulsó inmediatamente a sus enemigos de Auvernia y reunió un ejército. Si tenía las mismas intenciones que su padre, y muy bien que parecía que podría ser el caso, entonces tal vez fracasaría por su propia mano sin que César tuviera que hacer nada.

César eligió traer a todas sus legiones, excepto dos, para enfrentarse a los hombres de Vercingétorix en la batalla. Deseando una lucha decisiva, César sabía que tendría que sacar al líder enemigo y forzarlo a entregar todos sus guerreros. Para atraer a su oponente, César saqueó las ciudades de Vellaunodunum, Genabum y Noviodunum en su camino a Gergovia, la capital del reino que estaba en el centro de la actual Francia. En esta última, tomó rehenes, caballos y armas de los ciudadanos de los pueblos a cambio de paz y una alianza. Como estaba planeado, Vercingétorix se reunió con las tropas de César cerca de Noviodunum.

Cuando la gente del pueblo vio a lo lejos a la caballería de su rey, se alegraron y rápidamente abandonaron la paz que habían negociado con los romanos. Reforzándose, los noviodunumitas tomaron lo que quedaba de su armamento, pero los centuriones de César, aún en proceso de incautación de armas, pudieron escapar ilesos. César envió su propia caballería para enfrentarse a la de Vercingétorix y logró hacer que la línea enemiga retrocediera para buscar su grupo principal. Mientras la caballería gala se retiraba, la gente del pueblo se rindió una vez más a César, ofreciéndole rápidamente rehenes.

Vercingétorix llamó a sus consejeros para una reunión de estrategia y decidió hacer imposible que el ejército romano viajero se alimentara y se sustentara dentro de la Galia. Por orden de Vercingétorix, docenas de pueblos no fortificados fueron quemados para evitar que el ejército de César los saqueara para obtener alimentos para sus soldados y caballos. Las ciudades con fortificaciones y los medios para protegerse se dejaban en pie solo si el rey creía que eran capaces de soportar un asedio.

Esta acción dejó a los romanos con poca comida. El maíz era su principal suplemento alimenticio, el cual habían estado recibiendo de los pueblos heduos y boyos, pero con sus propias aldeas quemadas y las tiendas saqueadas, esas tribus apenas tenían con qué alimentarse[38]. Antes de que el hambre se apoderara de su ejército, César marchó con sus legiones a la gran ciudad de Avárico. Aún en pie, gracias a su arquitectura defensiva, Avárico cayó de todos modos en el asedio romano y proporcionó al ejército de César todos los suministros necesarios para reponer sus reservas. Por fin, los romanos se dirigieron a Gergovia.

Gergovia no era un blanco fácil. La ciudad estaba a 1.200 pies de altura en la meseta de una montaña con vistas a una gran llanura. La meseta tenía 2,2 kilómetros (1.5 millas) de largo por 535 metros (1.755 pies) de ancho, y solo había una entrada. La ciudad podía ser defendida por una guardia relativamente pequeña gracias a su ubicación física, una característica en la que Vercingétorix había estado confiando para mantenerla segura.

Anticipando que su enemigo se dirigía a la capital, Vercingétorix colocó sus tropas en el lado opuesto del río Elave, el actual río Loira, al igual que los romanos y se movió con el enemigo, quemando todos los puentes antes de que César pudiera alcanzarlos y acceder a Gergovia. Cuando César vio la sucesión de puentes quemados, formuló un plan para engañar al adversario y obtener acceso. Primero, dividió todo su ejército en dos partes, la primera de las cuales contenía dos tercios de los hombres y la segunda el tercio restante. Ordenó que el más grande continuara marchando hacia el sur mientras el tercero se ocultaba. Cuando las tropas del otro lado del río se habían movido, los romanos restantes reconstruyeron

---

[38] Ibíd.

rápidamente el puente y cuando estuvo listo, César mandó a buscar al resto de las tropas y se adelantó, cruzando el río.

A pesar de haber logrado cruzar el río, el ejército de César fue derrotado por el de Vercingétorix y un grupo de heduos que había cambiado de lealtad. César logró convencer a los heduos para que se unieran a él y sitiaran a Gergovia, pero sus fuerzas combinadas no pudieron ganar terreno. Con los suministros agotándose una vez más, Roma se vio obligada a retirarse al territorio heduo.

# Capítulo 9 – La batalla de Alesia

*En septiembre del 52 a. C., César estaba a punto de conquistar toda la Galia con un último asedio y batalla, el asedio de Alesia.*

(Joseph M. Durante)[39]

Después del éxito de los galos en Gergovia, César abandonó su plan de invadir la capital. En su lugar, siguió a su enemigo a otra ciudad fortificada, la de Alesia, para derrotarlos allí. Era el verano del 52 a. C. en el que ambos ejércitos se encontraron en Alesia y el ejército del rey galo había mejorado mucho tras su gran victoria en Gergovia, pero desafortunadamente para Vercingétorix, César ya había derrotado a su caballería al acercarse a la ciudad.

En las cartas a casa de César, dijo que acampó en las afueras de la ciudad y realizó un gran reconocimiento de sus fortificaciones antes de elaborar un plan de ataque. Los galos estaban aterrorizados, César continuó, ya que su hábil caballería había sido destruida y ahora estaba acampado a la vista de las murallas. Como Gergovia, la ciudad de Alesia estaba en la cima de una alta colina y no era un desafío fácil.

---

[39] Durante, Joseph M. La batalla de Alesia: El asedio romano que completó la conquista de Julio César en la Galia". *Historia de la Guerra online.* Web. 13 de septiembre 2017.

En los preparativos para la guerra, los romanos acamparon al pie de la colina durante varios meses.

La estrategia de César implicaba lo que él llamaba circunvalación. El método se caracterizaba por rodear una ciudad con una serie de fuertes defensivos para hacer imposible que los ciudadanos dentro del círculo enviaran mensajes o recibieran suministros[40]. Al pie de la colina de Alesia, los romanos construyeron 23 puestos fronterizos alrededor de una distancia total de 18 kilómetros (11 millas)[41]. Cada pequeño fuerte podía albergar a un centinela, y estos guardias se cambiaban regularmente. Los puestos de avanzada estaban ocupados todo el día y toda la noche, y la llanura que se extendía más allá del campamento romano estaba defendida por la caballería y los mercenarios germanos contratados.

Los galos no solo se mantenían al margen y esperaban a que los romanos terminaran de rodear la ciudad con campamentos fortificados, sino que tenían muchos problemas para atacar la circunvalación sin regalar una entrada a Alesia. Las escaramuzas se libraban continuamente, pero a pesar de ello, el proyecto de construcción siguió adelante. Viendo que sus tropas no podían apartar a los romanos de su objetivo, Vercingétorix envió a miembros de su caballería fuera de la ciudad para que regresaran a sus lugares de origen y trataran de encontrar más hombres dispuestos a unirse a la lucha. Según César, para entonces los galos de Alesia apenas tenían suficientes suministros de maíz para alimentarse durante 30 días. Escribió a casa que adquirió esa información secreta acerca de su enemigo de los desertores del ejército galo.

Mientras la caballería enemiga estaba en el extranjero reuniendo refuerzos y más comida, César encargó a algunos de sus propios hombres la tarea de cavar trincheras para rodear la ciudad. Cuando se

---

[40] Knighton, Andrew. "Circunvalación: Cómo los romanos dominaban las ciudades de alrededor para conquistar las poblaciones". *Historia de la Guerra online.* 18 de noviembre 2016.

[41] César, Julio. *Comentarios sobre la guerra de las Galias.*

completaron, las conectó al río y así construyó un foso considerable. En la orilla del foso, construyó murallas de casi 4 metros de altura (12 pies), con almenas que tenían estacas afiladas para evitar que los enemigos subieran. Para prevenir que los galos impidieran todo este trabajo, se cavaron más trincheras en las que se colocaron estacas apuntando hacia arriba. Cualquier incursión en la trinchera probablemente resultaría en un empalamiento.

En un mes, los galos se estaban quedando sin comida. Enviaron a los ancianos, enfermos, mujeres y niños de la ciudad para ahorrar recursos para los combatientes que había dentro. César escribió que creía que los galos querían que alimentara a estas personas y las mantuviera bajo su autoridad, pero no les permitió entrar en sus fortificaciones. Se vieron obligados a valerse por sí mismos y buscar refugio en otro lugar.

Fue a principios de septiembre del 52 a. C. cuando los romanos y los galos se encontraron en la última batalla por Alesia. Los refuerzos galos habían llegado, y César recibió legiones de ayuda traídas por sus compañeros romanos, Marco Antonio y Cayo Trebonio. Los números probablemente sumaron cerca de 75.000 luchando por Roma y 80.000 por Vercingétorix[42].

Los galos centraron sus ataques en los puntos débiles de las fortificaciones romanas, que se encontraban en el lado norte de las colinas circundantes. Fue un proceso largo gracias a la multitud de trincheras que había entre la muralla de la ciudad y las fortalezas circundantes, lo que tuvo el efecto deseado de dar a los romanos tiempo para cortar las fuerzas enemigas mientras intentaban avanzar. Al final, los galos quedaron atrapados dentro de los límites de Alesia, y a pesar de tener el terreno más alto, no había manera de derrotar a las legiones romanas.

---

[42] Delbruck, Hans. Traducido por Walter J. Renfroe Jr. *Las invasiones bárbaras.* 1990.

Las legiones de César, Antonio y Trebonio se vieron obligadas a luchar contra los galos dentro de la ciudad y también contra los que los rodeaban y sus defensas. Fue una hazaña casi imposible, pero gracias a los extensos preparativos y a las trincheras, torres, murallas y fuertes minuciosamente construidos, César resultó finalmente victorioso. Mientras los soldados romanos masacraban a la caballería y a los ejércitos periféricos de Vercingétorix sin parar, los desertores huían en masa de la ciudad.

Vercingetorix finalmente admitió la derrota el 3 de octubre del 52 a. C., e instruyó a su gente para que lo ofrecieran a César como premio de guerra[43]. César recibió felizmente a sus rehenes como de costumbre y al hacerlo puso fin a la más prominente de las revoluciones galas en su contra. Vercingétorix fue llevado a Roma, donde fue encarcelado lujosamente a expensas de César durante casi seis años antes de ser ejecutado[44].

---

[43] César, Julio. *Comentarios sobre la guerra de las Galias.*
[44] Mace, James. M. *Soldado de Roma.* 2008.

# Capítulo 10 – Cruzando el Rubicón

*El 10 de enero del 49 a. C., a orillas del río Rubicón en el sur de la Galia (cerca de la actual ciudad de Ravena), Julio César y los soldados de la 13ª Legión esperaron y sopesaron sus opciones.*

(*Historia del National Geographic*[45])

Las revueltas galas a gran escala habían llegado a su fin, pero la pacificación de la Galia por parte de César no estuvo exenta de protestas locales. Hubo levantamientos de los carnutes y belóvacos en el 51 a. C., donde el ejército romano sitió la ciudad de Uxeloduno. De vuelta en Roma, las tensiones aumentaron entre César y Pompeyo cuando su alianza política llegó a un incómodo final. La hija de César y esposa de Pompeyo, Julia, había muerto tres años antes y dejó a Pompeyo con pocas razones para continuar su controvertido apoyo a Julio César y a la guerra de las Galias.

Cambiando de bando político, Pompeyo había dejado de apoyar los ideales de gobierno de los Populares y comenzó a promover los de los Optimates. Él y César estaban oficialmente en desacuerdo, y

---

[45] Redonet, Fernando Lillo. "Cómo Julio César comenzó una gran guerra al cruzar un pequeño arroyo". *National Geographic History.* Marzo/abril 2017.

eso dejó a César sin ninguno de los aliados originales del Primer Triunvirato. Marco Antonio se convirtió en su aliado más importante en ese momento, pero ninguno de ellos podía vencer la autoridad de Pompeyo el Grande en Roma. Pompeyo y el Senado, habiendo decidido que César tenía el mando de demasiados soldados romanos, exigieron que renunciara a dos de sus legiones. Pompeyo afirmó que necesitaba esas dos legiones para la guerra contra los partos que estaba en curso en las provincias orientales desde el 66 a. C. Si César estaba de acuerdo, el Senado le permitiría presentarse a cónsul en el 48 a. C.[46].

Era importante que César se convirtiera en cónsul ese año, porque su mandato como gobernador de la Galia estaba casi terminado. Si se encontraba sin un gobernador o un cónsul, volvería a Roma como un ciudadano sin autoridad y por lo tanto estaría a merced de sus muchos enemigos dentro del Senado. Aunque César seguía gozando de gran popularidad entre el público romano, tenía enemigos poderosos en el gobierno que creían que había cometido una serie de crímenes de guerra en la Galia. Si se salían con la suya, César podría ser ejecutado.

Sabiendo que su principal enemigo político era Pompeyo, César le dijo al Senado que renunciaría a sus legiones si Pompeyo hacía lo mismo. Aunque la propuesta fue considerada, no prosperó. Mientras estudiaba sus opciones, César formalmente unificó las comunidades que había conquistado en la Galia bajo el dominio romano y extendió el mapa de la República romana[47].

Con el Senado romano instándole a renunciar a su cargo de gobernador y regresar a Roma, Julio César se enfrentó a una difícil decisión. El Triunvirato se había ido, ya no podía confiar en la astuta politización de Pompeyo el Grande en su nombre. Regresar a Roma como ciudadano sin ejército significaba que César sería juzgado y castigado por el Senado por crímenes de guerra contra los galos y por

---

[46] "Una línea de tiempo de la vida de Julio César". *San Jose State University.* Web.
[47] Ibíd.

desobediencia al Senado y al derecho romano. Perdería todo y probablemente sería ejecutado por el estado, a pesar de su popularidad entre los plebeyos de Roma. Por otro lado, para mantener su poder y territorio, solo había una opción: permanecer con el ejército que había establecido en la Galia.

El Río Rubicón llamaba, y justo al otro lado, el territorio oficial de la República romana. Entrar en Roma con un ejército extranjero era un indicio de guerra, y César lo sabía muy bien. Esta acción declaraba específicamente la guerra al Senado y podría ser considerada como traición y una invasión a Italia. César también sabía que, gracias a la forma en que funcionaba el ejército romano, sus legiones habían desarrollado lealtad hacia él y no hacia el Senado. Algunos de sus soldados habían estado sirviendo bajo su mando durante diez años y estaban felices de seguirlo en cualquier desafío que considerara apropiado.

En enero del 49 a. C., la legión activa de César, la XIII, lo siguió hasta el Rubicón en el frío y nevado aire del invierno y esperó sus instrucciones[48]. El resto de sus fuerzas, hasta ocho legiones, estaban todavía posicionadas en la Galia[49]. Finalmente, el héroe de guerra tomó su decisión: cruzaron la helada corriente de agua y declararon extraoficialmente la guerra a su propio gobierno. Ansioso por enfrentar a sus desafiantes cara a cara, César llevó a sus leales guerreros directamente a Roma, aparentemente afirmando: "la suerte está echada".

---

[48] McPike, Mary. *Un estudio del relato de Suetonio del cruce del Rubicón por parte de César*. 1924.
[49] Greenhalgh, P. A. L. *Pompeyo: el príncipe republicano*. 1981.

# Capítulo 11 – La guerra civil de César

*Los hombres en la vida pública hacían todo lo posible para evitar que los eventos o hechos accidentales fueran vistos como desafortunados. En una famosa ocasión durante la guerra civil, César tropezó al desembarcar de un barco en las costas de África y cayó de bruces. Con su talento para la improvisación, extendió sus brazos y abrazó la tierra como símbolo de conquista. Al pensar rápido convirtió un terrible presagio de fracaso en uno de victoria.*

(Anthony Everitt)[50]

El enfrentamiento conocido como la gran guerra civil romana, o la guerra civil del César, llegó a ser conocido como la culminación de las luchas internas dentro de la República romana que convirtió a la república en el Imperio romano.

El Senado asumió que habría tropas enviadas de los pueblos de Italia en respuesta a la marcha de César hacia ellos. Creían que el pueblo apoyaba al Senado y a su autoridad sobre Italia, sin embargo, había poco apoyo senatorial y las comunidades italianas fuera de

---

[50] Everitt, Anthony. *Cicero: La vida y los tiempos del más grande político de Roma.* 2002.

Roma no estaban dispuestas a enviar sus soldados y recursos a la capital para la inminente lucha política.

Había mucho en juego para los soldados que apoyaban a César, si la campaña fracasaba, era seguro que perderían sus pensiones militares por traición[51]. Como incentivo, César duplicó el salario de sus soldados[52]. Con este apoyo militar, combinado con la falta de apoyo al Senado, hizo que César pudiera continuar su marcha hacia Roma, entrando en la capital de la república por primera vez en diez años.

Pompeyo había prometido a los senadores y al público que, si César se atrevía a marchar al sur con su ejército, reuniría sus propias legiones y protegería la república. Desafortunadamente, no pudo reunir suficientes tropas en tan poco tiempo, y la única legión de César ocupó Roma mientras Pompeyo se retiraba a la ciudad vecina de Capua. No esperó a que César se reuniera con él ahí, él y sus soldados se retiraron y se dirigieron al otro lado del mar Adriático para preparar sus estrategias de batalla en Macedonia.

Pompeyo probablemente esperaba que César lo persiguiera hasta allí, pero en realidad, César se movió en la dirección opuesta hacia España. En el camino, regresó a través de la Galia donde reunió más de sus legiones para la guerra. Una vez en España, César atacó a las fuerzas de Pompeyo en ausencia de su gobernador en el 49 a. C. En una serie de maniobras diseñadas para aislar a los soldados romanos de España de sus fuentes de comida y agua, César logró agotar a sus oponentes. Se rindieron y se dispersaron[53]. Habiendo sacado a la fuerza a sus críticos más autorizados de Italia y España, César regresó a Roma ese mismo año. Allí fue nombrado dictador, supervisó su propia elección para ser cónsul de nuevo, y renunció a su dictadura, todo en un lapso de menos de dos semanas. Tal vez un absurdo giro de los acontecimientos para los partidarios del senado de Pompeyo

---

[51] Ibíd.
[52] Southern, Pat. *El ejército romano: Una historia social e institucional.* 2007.
[53] "César en España". *UNRV Historia de Roma.* Web.

que querían despojar a César de todo su poder, la elección de un llamado belicista como jefe de gobierno ocurrió simplemente porque César tenía la mayoría del voto popular. Julio César fue aclamado como un héroe de guerra y amigo de la gente corriente, en gran parte gracias a su autoindulgente campaña de marketing con la escritura de cartas durante la guerra de las Galias. Además, el pueblo de Roma estaba aterrorizado por la guerra que llegaba a su ciudad y creía que al darle a César el título que buscaba, estaban protegiendo sus propios intereses.

Finalmente, al cruzar el mar Adriático para reunirse con las fuerzas de Pompeyo en Macedonia, César dirigió su ejército a Dirraquio[54]. César estaba en desventaja inmediata, porque tenía suficientes barcos solo para mover la mitad de su ejército a un mismo tiempo. Había planeado mover una mitad al lado oriental del Adriático y luego enviar los barcos de vuelta a Italia para recoger y llevar la mitad restante, sin embargo, los soldados de Pompeyo lograron impedir que estos barcos realizaran el segundo paso.

Esto no solo dejó a César sin la mitad de su ejército, sino que, además, le cortó el paso a sus estaciones de suministro en Italia. Pompeyo era el señor de la guerra favorito del Adriático oriental y, por lo tanto, no sería posible encontrar comida, agua y armas entre la gente de Macedonia y la cercana Grecia[55].

El siguiente mapa ilustra el camino que Pompeyo tomó fuera de Italia para evadir a César, así como el camino que César finalmente tomó para seguirlo[56].

---

[54] Mitchell, William Augustus. *Esbozos de la historia militar del mundo.* 1940.
[55] Welch, Kathryn. *Magnus Pius.* 2012.
[56] Mapa del vuelo de Pompeyo a Egipto. Creador: Linguae. Licencia: Creative Commons Attribution-Share Alike 4.0 International license.

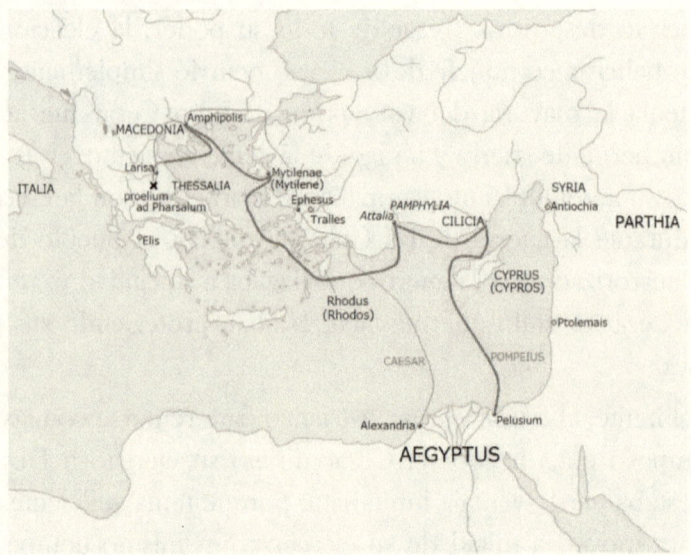

Las fuerzas de César hicieron varios intentos de evadir el bloqueo naval, pero todos fueron infructuosos hasta que Marco Antonio logró pasar y reunir cuatro legiones más de Italia y desembarcar en Nynfeo[57]. Algunas millas al norte del campamento de César, Antonio esperó con las nuevas tropas mientras tanto César y Pompeyo se dirigían a su encuentro. Como ambas partes pudieron moverse rápidamente hacia el norte, Pompeyo se acercó a Dirraquio para evitar ser atrapado entre Antonio y César.

En la costa oeste del campo de batalla, Pompeyo todavía tenía la ventaja sobre su enemigo. Su armada era más grande y más fuerte, y a sus espaldas podía ver cualquier acercamiento desde la distancia gracias al paisaje montañoso. César comenzó a cavar trincheras y a construir fortificaciones inmediatamente, pero no fueron una sorpresa para su oponente romano. Pompeyo ordenó que se construyeran las mismas fortificaciones más allá de su propio campamento, creando una aterradora serie de zanjas y torres de vigilancia armadas entre los cuerpos principales de ambos ejércitos. El 10 de julio del 48 a. C., los

---

[57] Belfiglio, Valentine. J. *A Estudio de las operaciones de la antigua Fuerza de Tareas Anfibias y Ofensivas Marítimas Romanas*. 2001.

antiguos miembros del Primer Triunvirato libraron su primera batalla cara a cara: la batalla de Dirraquio[58].

Aunque las tácticas de César eran fuertes y sus hombres experimentados, fue traicionado por dos desertores, que le dijeron a Pompeyo dónde encontrar la sección inacabada del muro de su oponente[59]. Pompeyo atacó el lugar y encontró que era más débil que el resto de las fortificaciones de César. Los refuerzos fueron enviados rápidamente, pero Pompeyo tenía muchos más soldados que César a su mando y finalmente, las multitudes de las tropas de Pompeyo forzaron la retirada de las tropas de Cesarión. Se movieron hacia el sur y no fueron perseguidos por Pompeyo, que creía que la retirada era un truco de César para atraerlo a una trampa[60].

La batalla de Dirraquio fue una victoria para Pompeyo, aunque no se dio cuenta hasta que fue demasiado tarde para capitalizar su posición. Si hubiera ordenado a sus soldados que persiguieran al ejército en retirada de César, podría haberlos obligado a rendirse, cambiando para siempre el curso de la historia. En realidad, César se reagrupó en Farsalia, donde derrotó decisivamente a las fuerzas de Pompeyo. Derrotado, Pompeyo el Grande huyó a Egipto, y sus legiones se dispersaron.

Los oficiales del rey egipcio gobernante, Ptolomeo XIII, hicieron matar a Pompeyo en septiembre del 48 a. C.[61] César llegó poco después para hablar con su antiguo aliado, y al encontrarlo muerto, comenzó a interferir en la guerra civil egipcia que se estaba gestando. Sin otros serios contendientes para el consulado de Roma que el propio némesis de Pompeyo, Julio César fue elegido jefe de la República romana en el 46 y 45 a. C, y en el 44 a. C, fue nombrado dictador de por vida. Gracias a su destreza y ambición militar, César había añadido toda la Galia a la república y se ganó la lealtad de los

---

[58] Rogers, Jay. *En los tiempos de estos reyes.* 2019.
[59] Cartwright, Mark. "La batalla de Pharsalus". Enciclopedia de Historia Antigua. Web. 13 de junio 2014.
[60] Holmes, Thomas Rice. *La República romana y el fundador del Imperio.* 1923.
[61] "Pompeye el Grande". Encyclopedia Britannica. Web.

romanos y el respeto de los señores de la guerra y los reyes extranjeros. La guerra de las Galias fue su gloria suprema y la razón de su continua dictadura en una nación que se suponía que era una república ferozmente orgullosa.

# Epílogo

La popularidad de Julio César se debió al amor de dos grupos de personas distintas de Roma: los plebeyos y el ejército. Su reputación entre los aristócratas de la República romana era muy pobre, y esta negatividad lo llevó a su caída. En el último año de la dictadura de César, un grupo de Optimates del Senado conspiró para restaurar los ideales republicanos de Roma. Más de sesenta senadores acordaron un vicioso plan para desviar el poder de Julio César y devolverlo al Senado, y el 15 de marzo del 44 a. C, se puso en marcha.

A manos de docenas de senadores, Cayo Julio César fue apuñalado hasta la muerte 23 veces cerca del Teatro de Pompeyo en Roma[62]. Marco Antonio fue estratégicamente detenido en una conversación cercana para que no estuviera al lado de su amigo durante el ataque. Fue irónico que después de ocho largos años en la Galia y seis años de guerra civil, no fuera un ejército enemigo el que acabara con la vida del gran César, sino un grupo de políticos

El asesinato del dictador de Roma pretendía restaurar la república, pero no iba a ser así. Marco Antonio formó el Segundo Triunvirato con el heredero y sobrino nieto de César, Cayo Octavio Turino, y

---

[62] Breverton, Terry. *Palabras inmortales.* 2012.

otro de los amigos cercanos de César, Marco Emilio Lépido. El Segundo Triunvirato persiguió a los asesinos de César y los mató. Siguió una nueva guerra civil hasta que finalmente, en el 27 a. C., el heredero de César se convirtió en el primer emperador de Roma, gobernando con el nombre de César Augusto[63].

---

[63] Stewart, David. *Dentro de la antigua Roma*. 2006.

# Vea más libros escritos por Captivating History

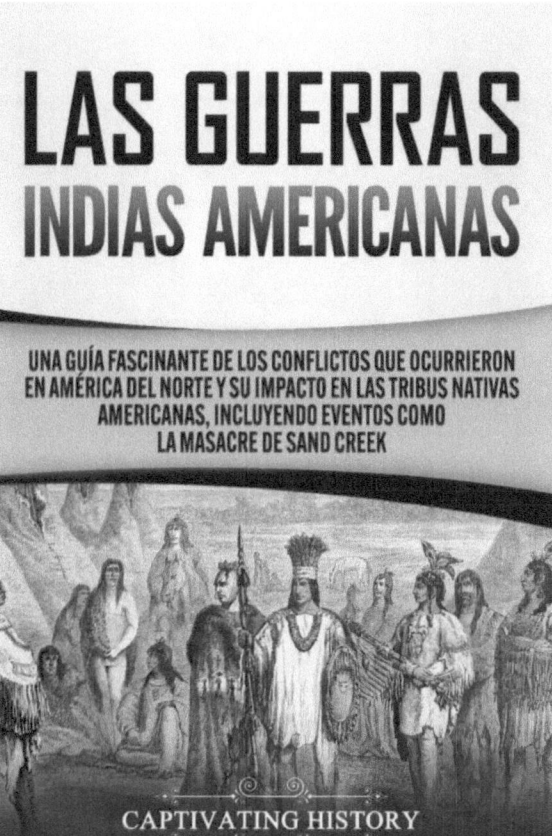

www.ingramcontent.com/pod-product-compliance
Lightning Source LLC
LaVergne TN
LVHW042001060526
838200LV00041B/1817